M. LESUR.

SOCIÉTÉ HISTORIQUE,
ARCHÉOLOGIQUE ET SCIENTIFIQUE
DE SOISSONS.

BIOGRAPHIE
DE
C.-L. LESUR

Homme de lettres, ancien Historiographe au ministère des affaires étrangères, Chevalier de la Légion-d'Honneur, Membre titulaire de la Société française de statistique universelle, ancien Membre du Conseil général de l'Aisne, et ancien Maire de Guise ;

Par M. l'abbé PÉCHEUR,

Curé de Fontenoy,

Membre de la Société, auteur de l'Histoire de Guise.

LAON,

IMPRIMERIE DE ÉD. FLEURY ET AD. CHEVERGNY,

Rue Sérurier, 22.

1852.

BIOGRAPHIE

DE

C.-L. LESUR.

Le sol renfermé aujourd'hui dans les limites du département de l'Aisne a été de tout temps d'une merveilleuse fécondité en génies supérieurs, en hommes éminents, dans les sciences, dans les lettres, dans les arts, dans la guerre.

Mais peu de villes ont contribué plus largement que celle de Guise à l'augmentation de cette glorieuse couronne. Depuis Jean de Noyelles ou de Guise, abbé de Saint-Vincent de Laon qui, au 14ᵉ siècle, portait jusqu'au nombre de onze cents volumes la bibliothèque de son couvent, composait une histoire universelle et transcrivait trois ou quatre volumes de chartes, jusqu'à Prosper Marchand, si connu des bibliographes par ses belles éditions et par son Dictionnaire historique, elle n'a pas laissé passer un siècle sans lui donner quelque personnage remarquable (1).

De nos jours elle a produit le général Dubois qui, à la bataille de Rovérédo, tombant blessé d'un coup mortel, s'écriait : « Je mourrai content, si je vois nos ennemis en fuite », le trop fameux Camille Desmoulins, le courageux journaliste Marcandier, et enfin Charles-Louis

---

(1) Voir leur Biographie dans l'Histoire de Guise.

Lesur, l'écrivain politique, l'homme bienfaisant qui naguère encore faisait son orgueil, et dont nous offrons aujourd'hui la biographie au public (1).

Charles-Louis Lesur naquit à Guise, le 24 août 1770. Il était fils de Charles-Eustache Lesur, greffier en chef des juridictions royales, de l'élection et grenier à sel de Guise, lequel devint ensuite membre de l'administration du département de l'Aisne, et de Martine-Cécile Pigneau, d'Origny-en-Thiérache, sœur de l'évêque d'Adran. La famille de Lesur jouissait de cette honnête aisance qui était alors l'apanage de la magistrature. Sa première éducation qui eut lieu sous les yeux de sa mère, femme d'une angélique piété, fut soignée et eut une heureuse influence sur tout le reste de sa vie. Un frère des écoles chrétiennes lui apprit à lire et à écrire ; puis il entra au collége de Guise, et termina ses études à celui de Laon. Inutile de dire que le jeune Lesur se distingua dans ces deux établissements par d'éclatants succès et une aptitude merveilleuse pour le travail. Ses humanités terminées, il alla, comme la plupart des jeunes gens sortis de la magistrature du pays, faire son droit à Paris où il eut dans la suite pour maître de conférences l'abbé de Frayssinous, depuis évêque d'Hermopolis, grand maître de l'université et ministre des affaires étrangères.

Lesur n'avait pas encore achevé son éducation, lorsqu'il vit à Guise son oncle maternel, Pigneau de Behaigne,

(1) Les ouvrages que nous avons consultés pour composer la biographie de M. Lesur, sont : la Biographie des contemporains, par MM. Arnault, Jay et Jouy, etc. — La Biographie universelle et portative des contemporains, de MM. Rabb, Vieilh de Boisjelin et Ste-Preuve. — La Biographie de M. Lesur, par Fabien Pillet, qui a paru au *Moniteur* en 1849. — Les ouvrages de M Lesur, sa notice sur Legrand de Laleu. — Le discours manuscrit prononcé sur sa tombe, par M. Aug. Besson, maire de Guise. — En outre, Mme Lesur a bien voulu nous communiquer plusieurs lettres et papiers, et nous faire part de ses souvenirs.

évêque d'Adran (*in partibus*), missionnaire en Cochinchine, qu'il importe de faire connaître. Pigneau de Behaigne était un homme sage, prudent et lettré. Il jouissait d'un grand crédit auprès du monarque Cochinchinois, qui en avait fait son ami et son premier ministre, et qui lui avait confié l'éducation de son fils aîné. Des révolutions ayant agité ce pays lointain et le monarque ayant été détrôné, il l'aida puissamment à recouvrer une partie de ses états et courut lui-même les plus grands dangers. Pigneau ayant donné au prince l'espoir d'être secouru par la France, celui-ci lui confia son fils pour lors âgé de six ans, sur la promesse de le conduire à Versailles pour réclamer l'appui de cette cour. L'évêque partit muni de pleins pouvoirs, arriva à Lorient avec son jeune élève et se rendit à Versailles. On les y reçut avec honneur, et on négocia un traité dont la France pouvait retirer de grands avantages pour son commerce, et qui fut signé le 28 novembre 1787 par le comte de Montmorin au nom du roi Louis XVI, et par l'évêque d'Adran au nom du roi de Cochinchine. Le prélat, nommé par le monarque français ministre plénipotentiaire auprès du roi Indien, fut chargé de lui remettre son portrait, reçut pour lui-même de riches présents, et se rembarqua en décembre 1787 (1).

Pigneau n'avait pas perdu l'espoir de revoir la France; il nourrissait même le désir de venir se retirer à Guise, dans le domaine de Beauval où son frère Eustache Lesur se proposait dès-lors de bâtir une maison de campagne, projet que son fils devait réaliser, et à laquelle il devait

---

(1) Lesur et Lefèvre, neveux du prélat, ont fourni une partie des matériaux employés dans l'article consacré à leur oncle, dans la Biographie universelle de Michaud.

Mme Lesur possède encore le portrait de l'évêque d'Adran et celui du jeune prince, son élève, en costume Cochinchinois.

donner plus tard une si noble destination; mais il mourut en Cochinchine en 1799.

Avant son départ de France, le prélat frappé des belles qualités qu'il avait remarquées dans son neveu, lui avait conseillé d'entrer dans l'état ecclésiastique. Quoique les esprits commençassent déjà à s'agiter, on était loin de prévoir alors les grandes catastrophes qui devaient bouleverser l'église de France ; ce conseil semblait donc naturel dans la bouche d'un évêque. Quoi qu'il en soit, Lesur se sentant des goûts opposés à cette vocation, ne crut pas devoir accéder aux désirs de son vénérable parent. Issu d'une famille de magistrats, il devait préférer l'étude de la jurisprudence; mais comme il avait annoncé de bonne heure des dispositions pour la poésie, tout en pâlissant sur les *Pandectes* et le *Code Justinien*, il continua de s'y livrer avec ardeur. Néanmoins les premiers opuscules sortis de sa veine poétique et qui n'étaient, à la vérité, que des essais, n'osèrent affronter le jour de la publicité. Après avoir été ainsi incertain et flottant entre les diverses carrières offertes à ses jeunes talents, il parut choisir de préférence celle des armes ; mais par suite des graves évènements qui survinrent, il devint homme de lettres et publiciste.

Lesur n'avait que dix-neuf ans lorsque la révolution éclata. Ainsi que ses compatriotes Camille Desmoulins et Marcandier, il était à Paris au commencement de nos premiers troubles. Doué d'une imagination vive et ardente, ayant une âme pure et droite, il ne pouvait manquer d'embrasser, comme eux et comme tant d'autres jeunes gens, les principes d'une révolution qui, paraissant marcher uniquement à la réforme des abus, promettait de faire le bonheur de la France ; mais lorsqu'il la vit tomber dans les plus déplorables excès de la démagogie, il eut le courage de lutter contre elle selon la mesure de ses forces et de son talent.

Son goût pour les belles lettres l'ayant donc retenu dans la capitale, il résolut de s'y fixer ; mais il demeura étranger à toutes les factions de la révolution, « dont à peine sorti du collége, j'ai eu, dit-il, à combattre les excès, où je n'ai guère eu à louer que les exploits de nos guerriers, et dans le cours de laquelle j'étais trop jeune, trop franc, trop fier, trop peu courtisan pour parvenir... »

Un évènement tragique qui eut alors un grand retentissement en fournissant à sa verve un sujet de composition plein d'actualité, était venu en effet lui donner l'occasion de flétrir, en plein théâtre français, les folles doctrines et les exécutions sanguinaires auxquelles il fait ici allusion. (1)

On était en 1792. Les Prussiens avaient pénétré jusqu'au cœur de la France. Le chef de bataillon Beaurepaire, commandant de Verdun, n'ayant pu réussir à inspirer son courage aux soldats et aux bourgeois pour la défense de cette place, et préférant la mort à une capitulation honteuse, se brûla la cervelle le 5 septembre. Ce trait héroïque au point de vue des idées du temps, mais déplorable aux yeux de la raison, enflamma le génie poétique du jeune Lesur, alors âgé seulement de vingt-deux ans, et le 21 novembre suivant, il donnait à la comédie française l'*Apothéose de Beaurepaire*, pièce en un acte et en vers, qu'il n'avait mis que deux mois à composer.

La scène principale de l'apothéose où l'auteur avait épanché toute la sensibilité de son âme, et qui « parut traitée avec beaucoup de chaleur, fut prodigieusement applaudie. » (2) Le jeune poëte fut littéralement couvert de fleurs. Une autre cause tirée des évènements du jour

(1) Pillet, Biographie de M. Lesur.
(2) Pillet, Biographie de M. Lesur.

vint encore contribuer au succès de cette pièce. Dans ces temps de rapines et de spoliations où l'on avait jeté en proie à la rapacité des révolutionnaires les biens de la noblesse et du clergé, il avait été question de la loi agraire ou partage des biens, que quelques têtes exaltées commençaient à réclamer. Lesur ayant su insérer avec art dans son drame une peinture aussi vraie que courageuse des dangers d'une pareille mesure, avait emporté les suffrages de tous les amis de l'ordre, et de tous ceux qui avaient conservé quelque reste de droiture et de probité.

Ce premier succès fut pour Lesur un puissant motif d'encouragement dans la carrière dramatique. Un an après, il donnait la *Veuve du Républicain* ou le *Calomniateur*, comédie en trois actes et en vers. Ce nouveau sujet patriotique sur lequel il sut répandre les couleurs du temps, fut accueilli du public avec la même faveur que l'*Apothéose*, et eut un succès soutenu. Les sentiments démocratiques y sont exprimés avec une énergie qui ne pouvait manquer de plaire à une multitude toute livrée à l'exaltation des passions politiques ; mais on doit rendre cette justice à l'auteur que, loin de s'abaisser jusqu'à mendier des applaudissements, il s'y élevait éloquemment contre ces hommes exaltés qui, sous prétexte de se faire justice à eux-mêmes et sous prétexte de patriotisme, se livraient aux plus exécrables forfaits.

Quand on pense que c'était après les massacres de septembre et en 1793, que Lesur osait se livrer à cette hardiesse, on ne peut trop louer son courage et la noble indignation dont son âme sensible était saisie à la vue du régime affreux qui pesait déjà sur la France.

Cependant, il ne pouvait poursuivre longtemps cette route, sans exposer inutilement sa vie, et il paraît dès-lors avoir renoncé au genre dramatique pour prendre une autre direction. Atteint par la première réquisition, il fit valoir sa qualité d'*homme de lettres*, et obtint la faveur de rester à Paris comme chef de bureau du comité des finances de la Convention, au commencement de 1794. Il passa sans interruption au secrétariat du ministère des finances lors de la réorganisation, le 1ᵉʳ frimaire an IV (1796), et y resta jusqu'au 3 nivôse de la même année.

Dans les différents postes qu'il occupa dans les comités du gouvernement, Lesur sut toujours par son aménité, sa droiture et la sagesse de sa conduite, se concilier l'estime de tous ceux qui se trouvaient en rapport avec lui. Il traversa ainsi la *Terreur* qui conduisit à l'échafaud ses deux compatriotes, Camille Desmoulins, Roch Marcandier et tant d'autres victimes du despotisme révolutionnaire. Un jour néanmoins, il courut, à ce qu'il paraît, le plus grand risque d'y porter aussi sa tête. Robespierre, impatienté de la lenteur qu'on avait mise à apporter au comité du Salut-Public des pièces concernant la conspiration dite des *Prisons*, vint dans les bureaux, et, s'adressant à Lesur, il se plaignit avec violence de cette prétendue négligence. « Citoyen, répondit Lesur, il fallait bien prendre le temps d'examiner, n'y eût-il qu'un innocent...! » « Vous croyez donc qu'il y en a, » interrompit brusquement le tyran en lui tournant le dos, et en disant à l'un des chefs : « Mais c'est un modéré que vous avez là...! » (1) Lesur se crut perdu. Ce fut le citoyen Lejeune, de Soissons, qui le sauva. Celui-ci avec lequel il était en relation avait été placé par Saint-Just, dont il était connu, au comité de sûreté générale, dans une position où il pouvait être utile à ses amis. Lesur

______

(1) Cette réponse de Robespierre est la même qu'il fit à Danton, dans une entrevue qu'on avait ménagée pour opérer un rapprochement entre eux, et où Danton lui avait dit « qu'il ne fallait pas confondre les innocents avec les coupables. »

ayant donc été appelé à ce comité sous l'inculpatio.
de *modérantisme*, Lejeune fît son éloge, dit qu'il répondait de lui sur sa tête, et il ne fut plus inquiété.

Le Directoire ayant succédé à la Convention, Génissieux, révolutionnaire fougueux, qui s'était distingué par son assiduité dans les comités de cette dernière assemblée, fut nommé ministre de la justice, le 3 janvier 1796. Du comité des finances, Lesur passa au bureau particulier comme secrétaire du ministre qui, sans doute, avait eu l'occasion de le voir dans les anciens comités. Enfin, il obtint la place importante de chef de bureau de l'organisation judiciaire. Quoique Génissieux n'eût gardé que trois mois ses importantes fonctions qu'il remplit, il est juste de le dire, avec droiture et habileté, ce fut chez ce ministre que Lesur rencontra Merlin de Douai, qui avait aussi beaucoup travaillé dans les comités révolutionnaires, et qui a attaché son nom à l'affreuse *Loi des suspects*. Tel est l'ascendant de la vertu, que le jeune chef de bureau acquit l'estime de cet homme qui, dit un biographe, « par ambition et lâcheté, s'efforça de mettre son âme glacée et flétrie au niveau de la cruelle énergie de l'époque, et fut l'un des plus dégoûtants d'entre les terroristes qui n'avaient pas pour eux l'excuse de l'exaltation démagogique et d'une irrésistible conviction. » Aujourd'hui, on fuirait à tout prix la rencontre de tels hommes ; ils occupaient alors les plus hautes fonctions du gouvernement.

Devenu à son tour ministre de la justice, Merlin de Douai conçut l'idée d'une *police générale* organisée en ministère, et remania à cet effet le personnel de son administration. Lesur perdit sa place de chef de bureau, et n'eut plus que celle d'adjoint dans la nouvelle organisation. Merlin lui écrivit lui-même le jour complémentaire de l'an IV (1796), pour l'assurer que ce déplacement n'était pas une disgrâce, mais la conséquence forcée des

mesures prises par le gouvernement pour diminuer les
dépenses de son administration. Il terminait ainsi sa
lettre : « J'espère que vous ne verrez dans ce change-
ment devenu indispensable rien de fâcheux pour vous.
Le vrai républicain sait servir son pays dans tous les
postes.

           » Salut et fraternité.

              » MERLIN. »

La dernière position que Lesur avait occupée au bureau de l'organisation judiciaire mettait alors, par son
importance, celui qui l'occupait en rapport immédiat
avec les ministres. C'était donc un moyen naturel d'arriver à la faveur, et une mine féconde de places lucra-
tives qui ne demandait, ce semble, qu'à être exploitée.
Néanmoins, Lesur n'en tira aucun parti pour lui-même.
Son caractère se refusait à tout ce qui pouvait sentir
l'intrigue ou la bassesse. Il se contentait de remplir
consciencieusement ses fonctions.

Cependant M. de Talleyrand ayant été nommé ministre
des relations extérieures, il fut attaché par lui à son
ministère ; et enfin, lors de la création de la *Loterie na-
tionale*, il fut nommé par le Directoire inspecteur pour
Paris, emploi qu'il conserva jusqu'à sa réforme en 1824.
« C'est une bague qu'on vous met au doigt, lui dit l'un
des directeurs, en lui apprenant sa nomination. » C'était
plutôt la juste récompense de services rendus.

Ce fut aussi sur ces entrefaites qu'il fut proposé pour
remplir les importantes fonctions de secrétaire d'ambas-
sade près de Joseph Bonaparte, nommé ambassadeur à
Rome en 1797 ; mais ce poste important lui échappa
pour des raisons que nous ignorons. Lesur conçut un
véritable chagrin de ce revers de fortune qui fut peut-
être le résultat d'une injustice, mais non pas tant pour
l'élévation même de ce poste, que parce qu'il le trouvait

conforme à ses goûts, et qu'il l'eût conduit au milieu des chefs-d'œuvre de la capitale du monde, dans la terre classique des beaux-arts, de la poésie et de l'éloquence.

Il se consola de cette infidélité de la fortune, en reprenant ses travaux littéraires pour lesquels il se sentait un attrait irrésistible, et qui le rendait peu propre à passer sa vie dans un bureau, ainsi qu'il s'en exprimait lui-même. Il n'avait pas perdu le souvenir de cette muse gracieuse à laquelle il avait sacrifié avec succès dans les premières années de sa jeunesse ; il revint donc à elle. Entraîné par l'enthousiasme général qui avait saisi toute la France à la nouvelle des rapides et prodigieux succès du jeune vainqueur de l'Italie, il conçut l'idée d'un poëme héroïque en dix chants, qu'il intitula : *Les Francs*, où il célébra notre gloire. Nous nous contenterons de rapporter ici le jugement qu'a porté sur ce poëme son biographe Pillet. « Nous ne nous arrêterons pas, dit-il, sur le poëme des Francs, que M. Lesur publia prématurément en 1797. Cet ouvrage, composé avec trop de précipitation, subit alors de justes critiques. Il est permis de dire cependant que parmi une foule de vers durs et d'un goût hasardé, on y remarque des récits, des descriptions, des harangues militaires pleines de verve et d'imagination. »

Ce poëme valut à son auteur l'honneur d'être présenté au Directoire le même jour que Bessières, commandant des guides de Bonaparte, et depuis maréchal de l'empire et duc d'Istrie, lorsque celui-ci vint apporter aux chefs du gouvernement les drapeaux conquis en Italie sur les Autrichiens. Lesur offrit son poëme, en même temps que Bessières ses glorieux trophées. N'est-il pas juste que la poésie accompagne la gloire dont elle chante les triomphes ! Il jouit des mêmes honneurs que Bessières, et assista aux fêtes données à cette occasion. Cet officier qui ne resta que quelques jours à Paris, mais avec lequel il était naturellement entré en relations, lui proposa de le suivre en Italie, sur l'assurance que le jeune vainqueur accueillerait favorablement celui qui avait chanté nos victoires. Lesur n'était pas éloigné de profiter d'une occasion aussi favorable; mais avant d'accueillir la proposition de Bessières, il crut devoir consulter sa famille qui ne parut pas favorable à ce projet. Il remercia donc le futur maréchal de l'empire avec lequel il conserva quelques rapports et demeura en France, où il ne tarda pas à recevoir du gouvernement un nouvel emploi.

Le Directoire, cherchant les moyens d'abaisser la puissance de l'Angleterre, avait rassemblé sur les côtes de l'Océan une armée destinée à agir contre elle. Bonaparte ayant terminé sa campagne d'Italie, on lui en donna le commandement, moins pour mettre en œuvre ses talents militaires que pour l'éloigner des affaires politiques auxquelles on pressentait qu'il ne demeurerait pas étranger. Cependant avant de tenter une entreprise décisive, on fonda le journal anglais l'*Argus*, destiné à combattre l'influence anti-française de notre puissante voisine. Lesur entra dans la rédaction de cette feuille dont le ministère faisait les frais, et à laquelle travaillaient aussi Barère, Goldsmitz et André d'Arbelles, ami de Lesur, que nous devons faire connaître avant de nous occuper d'un point de critique littéraire élevé au sujet de ces deux auteurs.

André d'Arbelles rentré en France en 1798, après avoir servi comme émigré dans l'armée du prince de Condé, avait été attaché ainsi que Lesur par M. de Talleyrand au ministère des relations extérieures, et chargé également de différents travaux politiques et littéraires. Il concourut non-seulement à la rédaction de l'*Argus*, mais aussi à celle du *Messager du soir*. Lesur et d'Arbelles travaillèrent longtemps soit ensemble, soit séparément à la composition de différentes brochures de circonstance qui furent publiées sans nom d'auteur et

même quelquefois sans nom d'imprimeur, et qu'on attribua tantôt à l'un, tantôt à l'autre. Se trouvant adjoint
à Lesur, d'Arbelles avait dit à celui-ci : « Vous serez la
tête, et moi, je serai les pieds. » Faisant ainsi allusion
à la part active, mais purement matérielle qu'il prendrait
dans la collaboration, tandis que Lesur ferait la véritable
besogne. Toutefois, aussi ami de l'intrigue qu'il était
ennemi du travail du cabinet, d'Arbelles, dans l'intérêt
de son avancement, ne s'attribua pas moins la plus large
part dans la collaboration.

D'où il arriva qu'on lui attribua longtemps les ouvrages suivants : 1° *Mémoires sur la révolution de Po-
logne trouvés à Berlin* (avec un *Avertissement*). 1805 ;
— 2° *Réponse au manifeste du roi de Prusse.* 1806 ; —
3° *Que veut l'Autriche ?* 1809 ; — 4° *Mémoire sur la
conduite de la France à l'égard des Neutres.* 1810 ; —
5° *Tableau historique de la politique de la cour de Rome,
depuis l'origine de sa puissance temporelle jusqu'à nos
jours.* 1810.

Ce que nous avons dit du caractère de d'Arbelles ne
suffirait pas pour lui enlever toute espèce de coopération
à quelques-uns de ces ouvrages, quand même on s'ap-
puierait de l'autorité du bibliographe Barbier qui dit,
dans son *Dictionnaire des Anonymes*, que d'après de nouveaux renseignements, il paraît que ces divers ouvrages
ont été rédigés par Lesur. En effet, l'auteur de l'article
d'Arbelles, dans la Biographie universelle de Michaud,
prétend que des renseignements plus certains ne lui
permettent pas de douter que cet auteur n'en ait composé une grande partie.

Nous ignorons la nature de ces renseignements, ce
qui nous empêche de décider entre les deux critiques ;
mais ce qui nous ferait douter de l'exactitude de ceux
du biographe de d'Arbelles, c'est qu'il lui attribue l'ouvrage *de la Politique et des Progrès de la Puissance Russe*

(1807) qui fut, dit-il, dirigé contre la Russie et retiré de la circulation à la nouvelle du traité de Tilsitt, ainsi que celui intitulé : *Que veut l'Autriche?* (1809), après la paix de Vienne. Nous croyons qu'on confond ici cet ouvrage avec celui *des Progrès de la Puissance Russe* (1812), que Lesur signe des initiales de son nom, ainsi qu'il l'avait toujours fait jusque-là, mais dont il s'avoua hautement l'auteur dans un autre ouvrage (1). « Non pas, dit-il, que je veuille tirer vanité d'un succès littéraire, mais parce qu'il importe maintenant de faire connaître qu'il n'y a rien dans ma conduite ni dans mes écrits où, malgré l'influence des révolutions, on ne puisse reconnaître le caractère d'un honnête homme et d'un bon Français. »

La déloyale conduite de d'Arbelles à l'égard de son collègue dont il connaissait la délicatesse et la loyauté, fut payée comme elle méritait de l'être. Ce fut à l'occasion du *Mémoire des Neutres*. Champagny, duc de Cadore, ayant remplacé, en 1807, M. de Talleyrand qui avait encouru la disgrâce de l'empereur, ce ministre qui était toujours disposé à seconder les vues ambitieuses du conquérant en se montrant partout l'ennemi déclaré de l'influence anglaise, demanda ce Mémoire aux historiographes du ministère. Il fut convenu que Lesur le composerait, mais qu'il paraîtrait comme le produit de la collaboration. D'Arbelles n'en prit pas moins le manuscrit pour le porter au ministre, comme venant de sa plume. Mais le ministre ayant su que le bruit courait au ministère que c'était Lesur qui l'avait composé, il le fit venir, et voulant juger par lui-même de la vérité de ce qu'on disait, le pria de composer dans son cabinet même et sur le champ la conclusion du Mémoire. Le ministre l'ayant lue avec attention et l'ayant comparée au reste de l'ouvrage, lui dit : M. Lesur, vous êtes l'homme

____

(1) *Histoire des Cosaques*, Avis au lecteur.

du ministère, et vous l'êtes seul ; vous n'êtes pas adjoint à d'autres...!

D'Arbelles ayant su ce qui se passait vint conjurer Lesur de ne pas le perdre ; il employa même près de lui l'intermédiaire de Mme Lesur dont il connaissait l'indulgence et la bonté de cœur ; celui-ci se contenta de lui reprocher sa mauvaise foi, et lui promit de demeurer étranger à cette affaire. D'Arbelles avait été nommé vers cette époque historiographe du ministère des relations extérieures. Attaché ensuite à M. de Talleyrand, il le seconda dans la restauration des Bourbons, refusa de prêter serment à Napoléon en 1815, et perdit son emploi. Ayant été nommé par Louis XVIII préfet de la Mayenne, il fut révoqué sous le ministère Decaze par ordonnance du roi ; mais après la chûte de celui-ci, il devint préfet de la Sarthe, et mourut au Mans par accident en 1825.

La place que Lesur occupait au ministère lui indiquait assez que le genre de travail auquel il devait désormais se livrer, était l'étude de la politique et de l'histoire ; aussi passa-t-il dans cette étude, dans celle surtout de la politique extérieure, la plus belle partie de sa vie, ainsi qu'il le dit lui-même (1).

Toutefois, il n'avait pas encore signalé son talent par une œuvre de longue haleine, et il n'était connu dans le monde littéraire que par deux pièces de théâtre et des mémoires politiques. La grande prépondérance que prenait la Russie dans les affaires de l'Europe et la guerre de 1812 qui se préparait, lui fournit l'occasion d'écrire son livre *Des progrès de la puissance Russe depuis son origine jusqu'au commencement du 18e siècle*. Cet ouvrage remarquable parut en octobre 1812, pendant cette campagne mémorable de Russie où devait s'engloutir la grande armée. La victoire alors nous avait encore con-

____

(1) La France et les Français en 1818.

servé ses faveurs, et Lesur, après avoir dépeint les progrès de la puissance du colosse du Nord, arrivé au terme
de son travail, pouvait dire : « L'aigle française a déployé
ses ailes sur les flèches dorées du palais des czars. On
ne verra plus les farouches enfants du Nord menacer nos
campagnes, nos cités et nos arts ; déjà ils ont fui la terre
fertile qu'ils avaient désolée. Bientôt ils maudiront l'alliance d'Albion ; elle n'empêchera point qu'ils ne recon-
naissent enfin des barrières que leur orgueil n'osera plus
franchir, et je pose la plume aux acclamations de la
victoire. » Nous savons, hélas ! comment ces espérances
d'un cœur français se sont réalisées : l'étendard russe a
flotté à son tour sur le palais du grand empereur, et les
barbares ont couvert de leurs hordes sauvages la France
abattue et désolée !

Le livre *Des progrès de la puissance Russe* eut deux
éditions. Il était écrit avec une impartialité telle et une
si parfaite observation des convenances, qu'il valut à
son auteur une double approbation, celle de l'empereur
Alexandre et celle de l'empereur Napoléon. Celui-ci en
fit imprimer un grand nombre d'exemplaires sur papier
très-fin, en petit format, qu'il fit venir de Paris, et qui
tombèrent aux mains des Russes pendant la retraite de
Moscou. L'empereur Alexandre, qui avait agréé l'hommage de ce livre, en fit témoigner toute sa satisfaction à
l'auteur.

Il était à peine terminé, lorsque le gouvernement impérial lui demanda, au commencement de 1813, l'*Histoire des Cosaques*. Lesur était comme préparé à la
composition de cet ouvrage par les recherches nombreuses que lui avaient demandées *Les progrès de la
puissance Russe*. Composée pendant l'invasion, l'*Histoire
des Cosaques* ne parut qu'à la paix, c'est-à-dire en 1814.
Il offrit ce nouveau livre à Alexandre, mais seulement
lorsque notre territoire fut délivré de la présence de nos

ennemis. C'est lui-même qui nous l'apprend. « J'aurais
pu, dit-il, hasarder d'en faire hommage à l'empereur
Alexandre, si je n'avais craint qu'on ne vît dans cette
démarche une apparence de palinodie, de flatterie ou
d'intrigue qui répugnent également à mon caractère.
Maintenant que nous sommes délivrés du malheur d'a-
voir les Cosaques pour hôtes ou pour ennemis, leur
éloignement m'a rendu toute ma liberté. » (1)

Alexandre agréa ce nouvel hommage de l'auteur français, et lorsque de nouveau les alliés se furent établis
à Paris, en 1815, deux officiers russes vinrent de *la part
de l'empereur, leur maître*, se présenter chez lui pour
lui remettre une lettre (2) par laquelle il était invité à
se rendre le lendemain chez son ambassadeur ; et le
16 juillet 1816, il lui fit envoyer, par M. Pozzo-di-Borgo,
son ambassadeur à la cour de France, une bague en
diamant, en témoignage de la satisfaction que lui avaient
causée ses deux ouvrages. Lesur conserva toute sa vie le
souvenir de ce suffrage de l'empereur Alexandre dont
on a su apprécier en France la générosité. « Quand j'o-
sai, dit-il, adresser à un grand monarque l'hommage
d'un ouvrage historique qu'il était dans mes fonctions
de faire pendant la guerre de Russie, ce prince daigna
laisser tomber sur moi un regard qui m'a consolé de
bien des injustices. » (3).

Lesur se rattacha avec conviction à la monarchie cons-
titutionnelle où il voyait le salut de la France et la plus
sûre garantie d'une sage liberté. Tout despotisme lui
déplaisait, celui de Napoléon comme celui de la Convention. Il avait un amour profond pour son pays dont il

(1) Histoire des Cosaques. Avis au lecteur, page 5.
(2) Lettre de M. Pozzo-di-Borgo à M Lesur, citée au *Moniteur*
du 25 octobre 1816.
(3) La France et les Français en 1817.

savait apprécier les grandeurs, les fautes et les ressources. C'est dans cet amour qu'il faut aller chercher l'origine de son ouvrage de *La France et des Français en 1817* qui lui assure un rang distingué parmi nos publicistes. Ce livre qui parut lorsque l'occupation étrangère pesait encore sur la France, et au sortir des épouvantables désastres de 1814 et de 1815, eut un grand succès. Presque tous les journaux de l'époque en parlèrent avec éloge. Il eut deux éditions et fut traduit en italien. Il méritait l'accueil qu'il reçut du public, non-seulement à cause de son actualité, mais parce que l'auteur a su s'y élever à la hauteur de l'écrivain politique. Toutes les parties constitutives de l'Etat, tout ce qui fait la force ou la gloire de la France y est passé en revue. La population, l'agriculture, l'industrie, le commerce, le clergé, la noblesse, les savants, les artistes, les gens de lettres, l'armée, les opinions, les mœurs, le gouvernement représentatif et ses trois pouvoirs, la magistrature, l'administration, les finances, la force publique, l'équilibre européen, telles sont les nombreuses et hautes questions qui sont traitées par Lesur, avec toute la sagacité d'un homme d'Etat et tout le charme d'un écrivain plein de goût.

On remarque en effet dans *La France et les Français* une connaissance étendue de l'économie politique et de la science sociale, une appréciation toujours juste des grands évènements qui avaient passé sous les yeux de l'auteur pendant la révolution et l'empire, et, ce qui est plus rare encore, un esprit d'équité et d'impartialité qui ne se dément jamais. Il semble qu'il écrit un siècle après les évènements, tant il les voit de haut, tant il sait se dégager des influences du moment, influences au milieu desquelles il vivait, et qui semblaient devoir, ce semble, peser sur lui d'un si grand poids. Sacrifices généreux et réciproques de l'intérêt particulier à l'intérêt général du pays, fusion de tous les partis dans l'amour de la France par l'oubli de trop longues dissidences, voilà où Lesur faisait trouver la guérison de nos plaies morales et politiques.

Quiconque voudra connaître cette époque de transition qui nous conduisit du régime impérial au régime constitutionnel, étudier l'état des esprits et des institutions dans un ordre de choses si nouveau pour le pays, devra lire *La France et les Français en* 1817. Ce n'est qu'après avoir lu cet intéressant ouvrage qu'il rendra toute la justice qu'il mérite à un gouvernement qui eut tant d'intérêts à ménager, tant d'opinions à concilier ou à rapprocher, tant de plaies si profondes à cicatriser, tant de prétentions à faire taire, tant de préjugés à vaincre; qui sut, à force de sacrifices et souvent de fermeté, nous réconcilier avec l'Europe, et nous faire remonter au rang que nous avions perdu, par de si déplorables revers, de la première nation du monde.

Versé profondément dans la science de l'antiquité et nourri de l'étude des auteurs classiques où il avait puisé les règles du goût à leur source même, Lesur n'était étranger à aucune des connaissances qui font les savants. Toutes ses compositions littéraires se distinguent par un style facile, correct, élégant. Il s'y montre à la fois homme de lettres, homme d'état et homme du monde. Le seul reproche fondé qu'on puisse peut-être lui adresser, c'est d'avoir poussé trop loin les rapprochements, les analogies entre les peuples anciens et les peuples modernes, leurs lois, leurs gouvernements, leurs révolutions, et d'avoir proposé les premiers comme modèles aux seconds, tandis qu'ils seront toujours séparés par des différences si profondes de climats, de religion, de mœurs, de génie même qui ont tant d'influence sur les formes politiques. Mais si Rome, Sparte, Athènes, villes de grande et poétique mémoire, reviennent si souvent

sous sa plume facile, c'est un tribut qu'il devait payer
à son siècle qui s'était enthousiasmé outre mesure pour
les héros de l'antiquité.

Lesur composa *La France et les Français*, sous le ministère du duc de Richelieu. Voici une anecdote qui
montre le cas que le ministre faisait de cet ouvrage.
L'ayant fait imprimer chez Henri Nicole, frère de l'abbé
Charles Nicole, qui fut plus tard recteur de l'académie
de Paris, ce fut pour celui-ci une occasion de lire l'ouvrage, alors sous presse. Il en fut si content qu'il le
présenta au duc de Richelieu, lequel le lut à son tour
avec étonnement, et déclara que depuis longtemps aucun
des livres parus à cette époque ne lui avait fait autant
de plaisir. Le ministre ne s'en tint pas là, et pour se
procurer le plaisir de voir l'auteur, il l'invita à déjeûner.
Lorsqu'il le vit entrer dans le salon. « Ah ! c'est vous,
M. Lesur, dit-il ; avec cette grâce charmante qui carac-
térisait l'ancienne noblesse, je vous tiens, je ne puis
vous quitter. » Il tenait en effet l'ouvrage de Lesur à la
main. — Mais, Monseigneur, lui répondit celui-ci, mon
livre n'est pas même corrigé. — N'importe, répliqua le
ministre, je le garde tel qu'il est. Ce fut à cette occasion
qu'il fut nommé *historiographe* du ministère des affaires
étrangères dont il remplissait depuis longtemps les fonctions. Le général Dessoles ayant remplacé le duc de
Richelieu, comme président du conseil des ministres,
Lesur entra naturellement en relation avec lui. Le nouveau ministre lui fit le même accueil que son prédéces-
seur ; bien plus, il aimait à s'entretenir avec lui intime-
ment sur des matières qu'il déclarait avec simplicité lui
être étrangères.

Cependant Lesur nourrissait depuis longtemps un projet qui devait mettre le sceau à sa gloire littéraire, c'é-
tait de fonder un *Annuaire historique* sur le modèle de
l'*Annual register* des Anglais. Il en avait conçu la pre-

mière idée sous le régime impérial, mais la crainte de donner de l'ombrage à un gouvernement soupçonneux et despotique, par la sincérité qu'exigeait un ouvrage de ce genre, lui en fit différer l'exécution jusqu'après les catastrophes de 1814 et 1815. Touché de l'intérêt que lui avait témoigné le duc de Richelieu, il lui avait développé le plan de ce recueil. Le ministre l'encouragea vivement, et lui déclara que pour lui, il regardait cette fondation comme un service important qu'il rendrait à son pays. Une difficulté se présentait ; une pareille entreprise devait créer à son auteur une charge assez lourde, en nécessitant des avances de fonds considérables, soit à cause des nombreux documents qu'il faudrait se procurer, soit même sous le rapport de l'exécution typographique. Il ne dissimula pas son embarras au ministre, qui lui fit allouer des fonds sur son ministère.

Mais la mort du duc de Richelieu étant survenue avant la publication du deuxième volume, il résolut de marcher sur ses propres ressources, et ne recula devant aucun sacrifice. Il sentait d'ailleurs la nécessité de garder toute son indépendance dans la rédaction d'une œuvre où il ne devait avoir d'autre guide que la vérité. Il ne tarda pas à sentir qu'il avait bien jugé. Le baron de Damas, qui était passé par un effet de la toute puissance de M. de Villèle, au département des affaires étrangères d'où l'on venait d'expulser M. de Châteaubriand, s'étant plaint à Lesur de sa rédaction concernant l'affaire des gardes-du-corps, celui-ci fit au ministre une réponse qui lui montra qu'il n'y avait que la vérité à attendre de l'historien, et qui lui concilia l'estime de ce ministre.

Lesur montra toujours la même élévation d'idées et de caractère sous les divers ministres qui se succédèrent aux affaires étrangères. « Monseigneur, dit-il au prince de Polignac, en lui présentant son livre, voici mon ouvrage ; je le fais avec toute l'indépendance de l'historien.

Si je ne puis garder cette indépendance, je me retire. »
Il repoussait toutes les faveurs qui semblaient s'offrir
comme d'elles-mêmes à lui et toujours dans les mêmes
vues. M. de la Cloperie des gardes-du-corps lui ayant
offert ses services auprès du roi. « Je n'ai besoin que de
sécurité, lui répondit-il. Si j'éprouvais quelqu'injustice,
j'aurais recours à vous. »

Il suffit de jeter un coup-d'œil sur un volume de
l'*Annuaire historique*, pour comprendre quel intérêt on
pouvait avoir à gagner son auteur à un parti ou à une
opinion. Conçu sur un plan beaucoup plus vaste que
l'*Annual register*, et beaucoup plus intéressant que le
recueil anglais, l'*Annuaire historique* contient les actes
publics, traités, notes diplomatiques, tableaux statisti-
ques, financiers, administratifs, judiciaires, documents
historiques, officiels et non officiels, et un article *Va-
riétés* renfermant la chronique des événements remarquables, des travaux publics, des lettres, des sciences,
des arts, et des notes bibliographiques et nécrologiques.

On retrouve dans l'*Annuaire* ce style facile, correct
et élégant qui distingue son auteur. Ses appréciations
littéraires sont pleines de justesse et de goût, et ses
considérations philosophiques et politiques pleines d'é-
lévation. On admirait surtout ses résumés si lumineux
des travaux législatifs et des débats parlementaires. Dès
le premier volume, il se montra, dans son coup-d'œil
sur la *Littérature française en* 1818, le défenseur des
bonnes traditions littéraires contre les envahissements
du romantisme allemand qui devait, quelques années
après, inonder la France de ses étranges productions.
Etranger à tout esprit de parti, il écrivait ce livre « avec
franchise, avec modération, avec droiture, comme en
présence de la postérité, pour tous les lieux, pour tous
les temps, » ainsi qu'il l'a déclaré dans la préface de son
volume de 1820.

Aussi dès la seconde année de son existence, l'*Annuaire* eut-il le plus grand succès en France et à l'étranger, méritait l'estime des critiques, et se trouvait bientôt dans le cabinet de tous les hommes d'Etat. Les deux premiers volumes eurent deux éditions. Aujourd'hui, il est trop connu pour qu'on en fasse un plus long éloge, et « l'on s'accorde à le regarder généralement comme le recueil le plus complet des faits politiques, littéraires, scientifiques et autres qui se sont passés depuis trente ans, non-seulement en France et en Europe, mais dans toutes les parties du globe. » (1) Quoiqu'il eût cessé d'y travailler dans les dernières années de sa vie, il continue de porter le nom de son fondateur, et de fournir de précieux documents à ceux qui se proposent d'écrire l'histoire contemporaine.

Lesur travaillait seul à l'*Annuaire*, et sut longtemps se suffire à lui-même dans cette rude besogne qu'on a peine à concevoir. Il lui fallait lire, outre une grande quantité de livres, tous les journaux français et étrangers, notamment les journaux anglais qui, dès cette époque, avaient atteint d'immenses proportions sous le rapport du format. On les lui apportait tous les jours du ministère des affaires étrangères. De plus, il fallait faire les extraits, comparer les récits, copier la partie officielle, analyser les discussions ; et enfin coordonner les divers produits de ce grand travail, et en former, chaque année, un gros et compacte volume in-8°. C'est ce qui faisait dire de lui par M. Villemain, étonné qu'il pût suffire seul à une pareille tâche : « Mais, c'est donc une tête de fer que M. Lesur. » Aussi ne peut-on guère expliquer cette espèce de prodige que par la grande facilité d'analyse qu'il avait acquise dans la rédaction des nombreux mémoires qu'il lui avait fallu faire pour le ministère, par

____

(1) *Univers* du 8 novembre 1849.

des talents naturels peu communs, et surtout par une ardeur indomptable pour le travail.

En effet, comprenant l'importance du temps dans la vie de l'écrivain, Lesur était avare du sien, et il ne livrait à la société que les moments qu'il ne pouvait lui dérober. Dès le grand matin, il s'enfermait dans son cabinet où il était invisible pour tout le monde, et souvent ses veilles se prolongeaient fort avant dans la nuit. Il n'allait dans le monde que pour se délasser de ses travaux, ce qui ne l'empêchait pas d'y porter cette gaîté charmante et ce commerce facile qu'il conserva jusqu'à ses derniers jours. On ne comprenait pas qu'un homme, occupé habituellement de travaux si sérieux, pût néanmoins se montrer si aimable.

C'est ici le lieu d'entrer dans quelques détails sur les mœurs et les opinions de Lesur, et sur sa conduite personnelle qui fut toujours si digne d'éloge. Entré dans la vie vers la fin d'un siècle léger, frondeur, sceptique, licencieux, et terminé par une effroyable révolution qu'il vit dans son foyer même, où toutes les passions cupides et féroces se déchaînèrent avec une furie sans exemple, il sut se conserver pur de tout excès. L'éducation qu'il avait reçue préserva ses mœurs et ses principes de toute atteinte. Guidé par son cœur, il fit une alliance digne de lui et qui devait faire le bonheur et le charme de sa vie. S'élevant au-dessus des préjugés vulgaires, comme il s'élevait au-dessus des partis, il fut, dans sa conduite et dans ses écrits, plein de respect pour cette religion dont il avait vu souiller les autels par les orgies dégoûtantes du culte de la Raison. Il reconnaissait hautement tout ce que le progrès social devait au catholicisme, et sa part légitime d'influence dans les affaires du monde. Mais il ne s'en tenait pas à ce côté humain de la religion ; il regardait son institution comme divine ; il admirait l'élévation de ses dogmes et l'incomparable pureté de sa morale. Toutes les fois qu'il eut à parler du clergé dans ses écrits, il le fit toujours avec une droiture et une convenance qu'on pourrait appeler touchante, tant elle est rare. Il savait respecter son lecteur comme il se respectait lui-même.

La plus belle récompense que puisse ambitionner un auteur, c'est moins la gloire en elle-même que l'estime de ses contemporains et la vogue de ses ouvrages. Lesur se la vit accorder. Il n'avait pas tardé d'apprendre le cas qu'on faisait de son *Annuaire* dans les cours étrangères. Un de ses parents qui l'avait entendu louer à Berlin et ailleurs, s'était fait un devoir de lui rapporter les paroles flatteuses qu'il y avait entendues sur le mérite de cet ouvrage. Enfin la croix de la légion d'honneur vint couronner à son tour les longs services qu'il avait rendus au gouvernement.

Cette décoration lui arriva par le canal de M. de la Féronnays qui, après avoir été attaché au ministère des affaires étrangères, avait remplacé, en 1828, M. de Villèle, ministre de ce département. Le comte, qui avait eu par là occasion de connaître Lesur, avait beaucoup d'estime pour celui-ci qui, à son tour, professait pour le comte beaucoup d'attachement. « Vous n'avez pas encore reçu la décoration? lui dit un jour le ministre. » — Monseigneur, répondit Lesur, cette distinction n'est pas encore venue jusqu'à moi. Alors, le ministre lui ayant fait entendre qu'il aurait dû se mettre sur les rangs pour l'obtenir. « La croix d'honneur, répondit Lesur, se reçoit avec reconnaissance, mais on ne la sollicite pas. » Le comte la demanda pour lui au roi et l'obtint.

Les travaux littéraires de Lesur l'avaient naturellement mis en rapport avec plusieurs personnages illustres de son temps. Il était lié avec Michaud, le célèbre historien des Croisades, avec Esménard, auteur du poème *de la Navigation* qui avait été rédacteur de plusieurs

journaux , et qui périt d'une manière tragique en reve-
nant d'Italie. Il allait souvent chez le comte d'Hauterive,
publiciste et conseiller d'Etat qui réunissait dans ses
salons toute la diplomatie. Il envoyait son *Annuaire historique* aux Richelieu, aux Mathieu de Montmorency,
aux Chateaubriand, qui lui écrivaient les lettres les plus
flatteuses. « J'ai reçu l'*Annuaire historique* pour 1818
que vous avez eu la bonté de m'envoyer, lui disait le
duc de Richelieu dans une lettre datée du 15 août 1819,
je vous remercie de ne m'avoir point oublié. L'utilité de
cet ouvrage est incontestable, et si, comme je n'en doute
pas, l'impartialité vous a toujours guidé, j'y trouverai
le talent et l'instruction réunis. »

Lesur entretenait des relations d'amitié avec Legrand
de Laleu, son compatriote, originaire du Nouvion, et
qui tenait par sa mère à la famille des Pigneau qui a produit l'évêque d'Adran. Legrand de Laleu cultiva les
muses, et se livra à l'étude du droit et de la jurisprudence. Oublié aujourd'hui, il s'était rendu célèbre dans
le temps par sa belle défense des accusés Bradier, Si-
mare et Lardoise, en faveur desquels il publia le fameux
Mémoire justificatif, et qu'il eut la gloire d'arracher à
l'infamie d'une condamnation. Après le 10 août, il avait
eu l'envie d'aller en Cochinchine retrouver son cousin,
l'évêque d'Adran, et de porter dans les contrées orien-
tales des institutions dont la France allait faire un si
cruel abus. Ce projet, qu'il avait conçu lors du voyage
du prélat en France, n'avait pas eu de suite. Lors de la
réorganisation des tribunaux, Legrand de Laleu avait
été nommé président du tribunal criminel de l'Aisne,
d'où il alla occuper la chaire de législation à l'école cen-
trale de Soissons. Appelé plus tard à la cour impériale
d'Amiens, il vint plusieurs fois présider les assises de
Laon qu'il avait choisi pour domicile. Il avait épousé en
deuxièmes noces une demoiselle Desforges , issue d'une

famille bourgeoise, ennoblie au siège de Guise, petite
nièce du recteur Coffin, et alliée aux Condorcet, de Ribe-
mont, et même à la famille de Boileau. Retiré à Laon,
Legrand de Laleu y passa les dernières années de sa
vie, s'occupant principalement de poésie, et y mourut
en 1819. Outre ses *Recherches sur l'administration de
la justice criminelle en France*, ouvrage qui lui fit beaucoup d'honneur, et que Lesur a enrichi d'une curieuse
notice sur la vie et les écrits de l'auteur, Laleu composa
des odes, des épîtres qui respirent la gaîté et la folie,
mais où les mœurs ne sont pas toujours aussi respectées
qu'il convenait à un magistrat.

Un ouvrage de la nature de l'*Annuaire historique* était
susceptible de recevoir de nouveaux perfectionnements.
Lesur lui donna toutes les améliorations que le temps et
la saine critique demandaient, et il s'efforça d'année en
année de le rendre plus digne du public. Souvent des
malheurs de famille, des affaires domestiques venaient
interrompre ses travaux ; il aimait mieux en différer la
publication de quelques mois que de manquer à ce qu'on
attendait de lui. Ce fut ainsi qu'il parvint à composer
seul et sans aucun secours étranger, toute la première
série qui comprend la Restauration ; la seconde fut pu-
bliée sous sa surveillance. Rien n'égalait le soin qu'il
prenait pour arriver à se procurer tous les moyens d'arriver à la vérité dans les affaires les plus compliquées
de la diplomatie européenne. Une lettre que lui écrivit,
en 1826, M. Hyde de Neuville, ambassadeur de France
en Portugal, et depuis ministre de la marine, après les
troubles qui avaient agité cette province de 1820 à 1826,
donnera au lecteur une idée de la considération dont
jouissait Lesur, et de l'importance qu'il mettait à s'en-
tourer de toutes les lumières qui pouvaient éclairer ses
récits.

« Depuis la lettre que vous m'avez fait l'honneur de

m'écrire, Monsieur, j'ai pensé qu'il fallait remettre à
l'année prochaine l'exposé des faits dont je vous ai parlé.
D'ici là beaucoup d'évènements viendront constater que
la raison, je dirai le sens commun est du côté de ceux
qui veulent que des libertés sages soient accordées
par les souverains, et qu'ils ne se laissent pas prendre
ce qu'ils peuvent donner. Quand les peuples prennent,
ils prennent trop ; quand ils reçoivent, ils se contentent
du nécessaire, et souvent ils ne l'ont pas qu'ils sont encore satisfaits. »

« J'attends, Monsieur, avec impatience votre compte-
rendu ; ce que j'ai pu vous dire, ce que votre esprit sage
et éclairé vous a fait entrevoir, a dû suffire en effet pour
vous faire toucher du doigt la vérité. Croyez bien que
les Anglais ont été fort contrariés au 30 avril. Jean VI
était trop sage, et les aimait trop peu pour pouvoir leur
convenir. Aussi, M. Canning a-t-il destitué le bon et
respectable chevalier Tornton, ministre de Londres à
Lisbonne, parce qu'il m'avait noblement secondé. Lord
Béresford, au contraire, a été comblé d'éloges par son
gouvernement, pour s'être opposé à la démarche du corps
diplomatique, pour avoir enfin secondé le parti des fous
et des factieux. Votre note de l'annuaire 1824, page 468,
est donc à rectifier. Lord Béresford ne se joignit point
en cette circonstance au corps diplomatique ; il ne cessa
de le contrecarrer. Le roi m'a répété souvent que lord
Béresford était le principal auteur de la conjuration ;
j'en doute encore, bien que *je sache qu'il a été au moment
d'être condamné*, par suite de la procédure qui a été ins-
truite secrètement. Ce que je crois, ou plutôt ce que je
sais, c'est qu'il a voulu profiter d'un évènement qui
pouvait lever beaucoup de difficultés pour le cabinet de
Londres. Jean VI voulait donner des institutions sages
à ses peuples ; or, les Anglais ne veulent dans la Pénin-
sule que le despotisme le plus crû ou des chartes démo-

cratiques convenant peu aux mœurs des habitants. La raison en est simple : l'anarchie et le despotisme mènent aux mêmes résultats de faiblesse et d'impuissance. L'Espagne bien gouvernée deviendrait forte, et sa force ne ferait qu'ajouter à la nôtre. — Veuillez bien peser, Monsieur, toutes ces considérations, et vous donnerez dans cet *Annuaire* des regrets à Jean VI ; il ne fallait que le seconder. Je ne puis que vous remercier de nouveau, Monsieur, de toute votre obligeance. J'ai été sensible à la franchise de votre démarche. Je compte sur votre impartialité scrupuleuse, et vous prie de recevoir les nouvelles assurances de ma considération la plus distinguée et de mes sentiments dévoués. » (1)

Nous croyons devoir citer encore ici quelques fragments d'une lettre que l'amiral Roussin, ambassadeur à Constantinople, lui écrivit de cette capitale pour lui donner des détails sur l'expédition du Tage en 1831, où il avait joué le principal rôle.

« Je suis un des lecteurs de l'annuaire historique, lui disait l'amiral ; je puis donc apprécier la sagacité et l'exactitude avec laquelle vous y rapportez les évènements contemporains, et je ne puis qu'applaudir au récit que vous faites de ceux dont j'ai été témoin. » Après s'être plaint avec amertume du peu de cas que le gouvernement avait fait de cette expédition rapide et brillante dont il s'efforce de relever la gloire, le baron Roussin termine sa longue lettre par les paroles les plus flatteuses pour l'auteur de l'*Annuaire*, et les plus acerbes pour le gouvernement. « Il ne fut pas dit un mot de tout cela dans le *Moniteur*, ajoutait-il. Les prises portugaises restèrent à pourrir à Brest, et leurs pavillons adressés du Tage au ministre de la marine par l'amiral

____

(1) Cette lettre dont Mme Lesur possède l'original a été écrite de Létang, près Sancerre, à la date du 14 septembre 1826.

sont demeurés dans un grenier du ministère, où probablement on les a crus mieux placés qu'à l'hôtel des Invalides. »

« Voilà, Monsieur, un exemple de la manière dont nous traitons l'histoire chez nous. »

« Mais il y a toujours de la ressource dans un pays où se trouvent des écrivains tels que vous. Vos consciencieux travaux sauveront de l'oubli tout ce qui mérite de vivre, et je suis sûr de n'avoir rien à désirer dans l'intérêt de l'escadre que j'ai conduite à Lisbonne, si vous voulez bien vous charger d'être son historien. »

« Déjà j'ai trouvé dans l'*Annuaire* le récit le plus exact des opérations que j'ai dirigées au Brésil en 1825 et de leur résultat ; il en sera de même de la manière dont vous rendrez compte de celle-ci. » (1)

Lorsque Lesur reçut la lettre de l'amiral, il avait quitté la rédaction de l'*Annuaire*. En 1830, il s'était adjoint M. Davenne, puis, en 1831, M. Ulysse de Tencé, avocat à la cour royale de Paris, qui eut pendant sept ans la direction supérieure de l'ouvrage, et à qui succédèrent, depuis 1839, MM. V. Rosenwald et Henri Desprez, et enfin M. Fouquier. Lesur aida tous ces écrivains de sa vieille expérience. « Quoique son talent, écrivait-il dans sa préface de 1831 en parlant de M. de Tencé, et son aptitude au travail suffisent assurément à la tâche qu'il entreprend, je ne l'abandonnerai pas dans cette carrière laborieuse ; je le suivrai, comme le vieillard de Virgile, de la voix et du geste. »

Ce ne fut donc que peu à peu qu'il abandonna la rédaction, puis la surveillance de l'*Annuaire* ; mais enfin son âge déjà avancé, une santé affaiblie par tant de travaux littéraires, des affaires multipliées, un besoin im-

***

(1) Cette lettre, comme la précédente, est entre les mains de Mme Lesur.

périeux de repos lui firent sentir qu'il fallait chercher une retraite. Il la trouva au milieu de ses concitoyens, au lieu de son berceau.

Dès 1825, il avait commencé à mettre à exécution le projet formé par son père et par son oncle, l'évêque d'Adran, en se créant dans le domaine de Beauval, sur les bords de l'Oise, à l'extrémité d'un des faubourgs de Guise, une charmante habitation ; mais les soins qu'exigeaient la composition de l'*Annuaire* nécessitant sa présence à Paris, ce ne fut qu'en 1832 qu'il vint s'y fixer définitivement. Encore promit-il à l'éditeur de venir chaque année passer quelques jours dans cette capitale pour surveiller les travaux des nouveaux rédacteurs.

Après avoir travaillé à sa propre gloire, il était juste que Lesur s'occupât des intérêts de son pays natal. Une nouvelle carrière, la carrière administrative s'ouvrit donc devant lui. Il fut nommé, le 26 juin, premier magistrat de la ville, et deux fois les électeurs du canton de Guise l'envoyèrent siéger au conseil général de l'Aisne. Il y faisait partie des commissions de l'instruction publique sur laquelle il fit des rapports du plus haut intérêt.

Dans sa retraite de Beauval qu'il se plaisait à embellir, il partageait son temps entre la culture des lettres qui avait fait le bonheur de sa vie et l'administration municipale. Il fournissait encore des articles à la *Gazette de France* et au *Journal des Débats*. En 1834, il fut nommé membre titulaire de la *Société française de statistique universelle*.

Quoiqu'il ne négligeât aucune des améliorations réclamées par le temps et les circonstances, son administration fut toute d'économie. Il laissa à la ville des ressources considérables qui lui furent de la plus grande utilité après les évènements de février, pour subvenir aux besoins de la classe indigente. Il aimait ses admi-

nistrés comme ses enfants, et l'on a dit avec raison
« que les réunions du conseil municipal étaient pour lui
comme des réunions de famille. » (1)

Il avait, dit-on, conçu la pensée d'écrire l'histoire de
sa ville natale. Certes, une plume aussi exercée que la
sienne n'eût pas manqué de jeter un vif intérêt sur un
sujet que nul n'eût mieux connu que lui. C'est à lui qu'on
doit l'interprétation de la charte de franchises donnée à
Guise, par Jean de Châtillon, qu'il fit faire à l'école des
chartes. Tirée ainsi de la poudre des archives municipales, cette charte est arrivée à la connaissance d'Au-
gustin Thierry qui la cite dans ses *Considérations sur
l'histoire de France*, et de Louis Blanc qui en tire, dans
son *Histoire de la révolution*, une induction importante
pour l'éclaircissement du problème historique du régime
municipal en France.

Lesur avait épousé à Paris, dans sa jeunesse, Mlle Folley
qui avait su lui former un intérieur plein de charmes,
où il se retirait toujours avec délices après ses heures
de travail. Mlle Folley était fille de M. Antoine Folley,
avocat au Parlement et issu d'une famille noble du duché
de Lorraine, laquelle avait vu cinq de ses membres, tous
frères, occuper les charges de lieutenant et de capitaine
dans les armées du Roi, sous les règnes de Louis XIV
et de Louis XV (2). Cette aimable femme était pour lui
un conseiller plein de goût et un censeur intelligent.
Il la consultait sur ses ouvrages qu'il lui lisait à haute
voix avant de les livrer à l'impression, et lorsqu'elle se
hasardait à lui alléguer son peu de connaissance des

____

(1) Discours de M. Aug. Besson.

(2) Lettres signées et scellées à Nancy, le 15 mars 1785, par
plusieurs gentilhommes, avec *visa* du procureur-général, conseiller
du roi en la cour des comptes de Lorraine, apposé à Nancy le
15 mars 1785. — Ordonnance datée de Salins le 30 novembre 1675,
adressée au capitaine Folley, commandant au château de Chuvisey,

hautes matières qu'il traitait, il aimait à lui dire en riant : « Molière consultait bien sa servante ! » faisant allusion à l'habitude qu'avait, dit-on, le célèbre comique de lire ses pièces à sa ménagère.

Lesur avait une organisation forte et riche qui lui procura la plus belle vieillesse. Homme aimable, il avait cette politesse exquise et simple qui concilie l'estime et l'affection de tous. Il était d'ailleurs « doué de l'esprit le plus vif et le plus pénétrant, et la facilité avec laquelle il laissait couler sa plume ne nuisit jamais ni à la solidité de ses fragments, ni à la correction de son style. » L'injustice le révoltait, et il portait dans les affaires un esprit de paix et de conciliation. Sa sensibilité était extrème, et il parlait rarement en public sans que des larmes d'attendrissement coulassent de ses yeux. Sa modestie surpassait encore ses talents, et c'est un trait admirable de sa vie qu'il ne parlait jamais de ses ouvrages, et qu'il n'aimait pas qu'on lui en parlât, si ce n'est dans l'intimité. Le titre modeste d'*homme de lettres* était le seul qu'il aimât à se donner.

Il avait vu sa carrière s'ouvrir au début d'une révolution ; une révolution l'avait partagée ; elle se termina avec une révolution. Les évènements inattendus de février vinrent le surprendre au milieu de ses paisibles travaux ; mais ce ne fut que lorsque la première effervescence se fut calmée qu'il quitta ses fonctions municipales. Déjà travaillé par la maladie qui le conduisit au tombeau, il alla chercher à Paris un soulagement à ses douleurs ; mais voyant que les remèdes demeuraient impuissants contre un mal invétéré, il se prépara à la mort en chrétien et fit ses dispositions testamentaires.

La création d'œuvres de bienfaisance avait été comme le rève de toute sa vie administrative, mais la crainte d'augmenter les charges de ses concitoyens et

de trop engager un avenir qu'il voyait s'envelopper de
nuages, l'avaient obligé d'ajourner ses philautropiques
projets. Il dut se contenter d'améliorer celles qui exis-
taient déjà ; mais quand il se fut agi de régler ses dernières volontés, il les mit au premier rang dans ses
dispositions testamentaires. Le bureau de bienfaisance,
la fabrique de l'église Saint-Pierre, l'hôpital reçurent
des legs qui témoignaient de sa généreuse piété, à la
seule charge pour ces deux derniers établissements de
faire célébrer des services funèbres pour le repos de son
âme et des âmes de ses père et mère, de sa femme et
de sa sœur ; et pour le bureau de bienfaisance de donner des secours particuliers à trois familles jugées les
plus dignes par leurs besoins et leurs bonnes mœurs, à
titre d'encouragement et de récompense pour la mora-
lisation de l'indigence.

Enfin, pénétré de cette idée que c'est par une éducation sage et chrétienne qui prendrait l'enfant dès le berceau, qu'on parviendrait à améliorer les générations
futures, il s'entendit avec sa femme qui entrait dans
toutes ses vues généreuses pour léguer à la ville, après
leur décès, leur belle habitation de Beauval avec toutes
ses dépendances, sous la clause expresse qu'elle serait
vendue, et que le produit en serait destiné à la fondation
d'une salle d'asile des deux sexes, dans l'intérêt de la
classe pauvre et laborieuse. La seule charge qu'il imposa
à cette donation fut la concession à perpétuité pour lui
et sa famille d'une place étroite dans le cimetière com-
munal où il pût reposer au milieu de ses concitoyens.
Il ne devait pas tarder à venir l'occuper, car il mourut
le 1er octobre 1849, à l'âge de 79 ans.

Quand les faits parlent aussi haut, tout éloge doit
cesser ; il devient superflu. Estimé et aimé pendant sa
vie, Lesur fut surtout apprécié après sa mort, car telle

est, hélas! la marche ordinaire des choses humaines. Guise comprit qu'un nouveau nom venait de s'inscrire sur la longue liste des hommes remarquables qui l'ont illustré, et que la République des lettres venait de perdre un de ses plus honorables citoyens. Sa dépouille mortelle fut reçue dans les murs de la cité en deuil, au milieu des regrets de toute la population. Une foule immense le conduisit à sa dernière demeure.

M. Auguste Besson, successeur et ami de l'illustre défunt, qu'il avait comme désigné au suffrage de ses concitoyens, et qui perpétue, dans l'administration d'une cité à laquelle il est tout dévoué, les bonnes traditions qu'il en avait reçues, prononça sur sa tombe un discours empreint de cette éloquence du cœur, la seule qui puisse honorer dignement la cendre des morts. Il y rappela la haute considération que Lesur avait acquise dans le monde politique par ses œuvres littéraires dans la première période de sa vie, et cette administration paternelle et bienfaisante qui avait rempli la seconde. Passant ensuite à sa vie privée, il sut le montrer avec une simplicité touchante, ami sincère, excellent mari, et bon citoyen.

« Adieu, dit l'orateur, en terminant ce rapide éloge, adieu excellent homme! adieu, mon vieil et digne ami! Reçois par mon organe l'expression bien vive des regrets unanimes et de la profonde reconnaissance de tous les habitants de cette ville que tu as tant aimée, et qui a été l'objet de ta continuelle sollicitude! »

Mais on ne se borna pas à des éloges, à de sincères, mais passagers regrets. Guise voulut éterniser sa reconnaissance envers l'écrivain distingué, l'homme bienfaisant qu'il pleurait. Une rue et une place de la ville reçurent le nom de Lesur, et un superbe monument en marbre blanc fut élevé, à ses frais, sur sa tombe. On y grava, auprès de ses titres de gloire, cette simple inscription qui vaut à elle seule tout un éloge :

« A CHARLES=LOUIS LESUR,
La ville de Guise reconnaissante. »

Heureuse de ces soins rendus à la mémoire d'un époux qui lui fut cher à tant de titres, Mme Lesur les reconnut par un nouveau bienfait ; elle donna à la ville sa bibliothèque qui est celle d'un savant et d'un homme de goût.

FIN.

LAON. — ÉD. FLEURY ET AD CHEVERGNY.

www.ingramcontent.com/pod-product-compliance
Lightning Source LLC
Chambersburg PA
CBHW051737050726
47598CB00003B/1229